Renate & Uwe H. Sültz
Bücher von A bis Z

Lass' endlich los
und du wirst
Herr über die Zeit

Rena Te Sültz

BoD - Books on Demand
Norderstedt 2021

Bibliografische Information durch die Deutsche Nationalbibliothek
Die Deutsche Nationalbibliothek verzeichnet diese Publikation in der
Deutschen Nationalbibliografie; detaillierte bibliografische Daten
sind im Internet über http://dnb.dnb.de abrufbar.

© Renate Sültz
Herstellung und Verlag
BoD – Books on Demand, Norderstedt
ISBN 9-78375-3-49778-5

pixabay AKTIVES MITGLIED

© BY SÜLTZ

Sültz Bücher

AKTIVES MITGLIED
UND FÖRDERER

Vorwort

Für die Unstimmigkeiten und Querelen unserer Zeit habe ich kaum noch Worte. Ich glaube es wird sich auch so schnell nichts ändern. Die meisten von uns laufen stumpfsinnig und teilnahmslos herum. Sie sehen wenig Sinn mehr in ihrem Leben und haben resigniert. Stets dominiert der Zeitmangel unser Leben. Mit eigener Kraft finden nur die Wenigsten wieder aus dieser Tretmühle heraus.

Mit diesem Buch knüpfe ich an die ersten Teile meiner Buchreihe an. Ich fühle mich gezwungen, etwas zu tun. Darum versuche ich Hilfestellung zu leisten. Ich tauche in eine Zeit ein, deren Last zu tragen immer schwerer wird. Zu sich selbst finden, Zeitmangel nur ein Wort sein zu lassen, mit sich und seinem Körper im Einklang zu sein, ist das Hauptthema dieses Buches. Nur wenn wir die Tür zu unserer Seele öffnen, werden wir es schaffen uns innerlich zu reinigen. Erst dann werden wir Ruhe und Ausgeglichenheit finden. Machen sie sich mit der Hilfe dieses Buches, den Weg zu ihrem tiefsten Inneren frei.

Ihre Renate Sültz

Einleitung _{Teil 2}

Ich habe das Gefühl, dass die Menschheit einer Wiedergeburt immer näher kommt. Es findet ein intensiver und mächtiger Wandel statt. Ein Wandel der Energien. Er wird alles in sich aufsaugen, angefangen mit dem Finanzsystem. Weitergehend mit den politischen und sozialen Systemen. Ein wichtiger Punkt kommt noch dazu, es ist unsere Spiritualität.

Zuletzt erschaffen wir uns selbst neu. Dies wird dann ein Zustand sein, der das Höchstmaß unserer Potenziale übertrifft. In diesem Zustand werden wir unsere höchsten Werte entfalten.

Was auch immer geschah, ich ließ es zu und quetschte jede Erfahrung in den Rahmen meiner Gedanken. Ich dachte, dass mein Leben nun besser funktionieren würde. Doch wie ein Gefängnis hinderten mich meine Gedanken daran etwas zu tun, was mein Leben besser funktionieren lassen könnte.

Ich wurde von meinen eigenen Gedanken daran gehindert, die Welt wirklich zu registrieren. Ich dachte darüber nach, ob nicht die Wissenschaft, so wie sie heute angewandt wird, mich zum Opfer gemacht hat. Sie geht davon aus, dass es äußere Kräfte gibt, die uns beeinflussen und kontrollieren. Doch neueste Forschungen sagen uns genau das Gegenteil.

Die menschlichen Gene werden von unseren Sichtweisen bestimmt. Jedenfalls glaubte ich, dass es so war. Ich hatte es begriffen und kann schon behaupten, dass ich Meisterin der eigenen Biologie wurde. Ich verstand plötzlich, dass ich doch ein freier Mensch war, der seine Gefühle und Überlegungen selbst steuern konnte und erinnerte mich, dass wir alle selbst Verantwortung tragen für unser Leben.

Teil 3

Überzeugungen, die mich gefangen hielten.

Meine Gedanken waren nicht immer realitätsbezogen, doch im Laufe der Jahre formten sie sich zu einer festen Überzeugung. Bis dahin war es ein anstrengender Weg, denn ich investierte eine große Menge Energie in die falsche Richtung. Ich vergeudete meine einzigartige Essenz. Stets neigte ich dazu mich mit meinen Gedanken zu identifizieren, weil ich dachte es sei so richtig. Oft griff man mich an in der Vergangenheit, weil ich anders dachte als die Anderen. Doch im Grunde wollen wir doch alle das Gleiche oder? Ich öffnete den Weg zu meiner Seele und mein Weg sollte sein, zu mir selbst zu finden. Ich wollte meinen Körper und meinen Geist in Einklang bringen.

Innerlich reinigte ich mich und suchte zu bestimmten Zeiten des Tages, die Natur auf. Ich ging und gehe nun jeden Tag in einen kleinen angrenzenden Wald, der direkt an mein Wohnhaus grenzt. Der Waldweg ist links und rechts in einem Mischwald eingebettet. Doch ich suchte einen bestimmten Baum. DEN BAUM. Es war eine mindestens einige Hundert Jahre alte Eiche. Immer wenn ich dort ankam, setzte ich mich darunter. Ein Mooskissen, welches vor ihrem knorrigen Stamm wuchs, lud mich zum Hinsetzen ein. Links und rechts von mir stand eine winzige Hecke, die mich vor neugierigen Blicken schützte. Dort angekommen vergaß ich die Zeit. Ich ließ mich fallen und atmete tief die frische Luft ein. Meine Gedanken flogen davon und ich merkte wie sich mein Körper und meine Seele regenerierten. Neue Kraft stieg in mir auf und nach einer Stunde schon, merkte ich die Leichtigkeit und Freude, die in meiner Seele einen Platz einnahmen.

Jeden Tag zur gleichen Zeit ging ich in die Natur, und holte mir dort den inneren Frieden, den ich dringend brauchte. Es wird Zeit, dass wir handeln. Wenn wir über unser Leben bestimmen wollen, müssen wir die Zeit für uns nutzen. Wir sollten uns stets klar machen, dass die Zeit, die uns zur Verfügung steht nur begrenzt ist. Es ist noch nicht zu spät einen guten Weg für sich zu finden. Damit meine ich den Weg der Erkenntnis, der Toleranz und der Liebe.

Teil 4

<u>Mach dir dein Leben nicht komplizierter als es ist.</u>

Wir tun es trotzdem unbewusst. Vor einigen Wochen, stieß ich auf einen Satz des Konfuzius. Er war ein chinesischer Gelehrter. Ich, als Autorin, lese sehr viel in diesen Büchern, um für mich selbst Antworten zu finden. Ich las oft und auch in der Nacht. Da kam mir der Gedanke, dass die Zeiten sich zwar geändert haben, doch die Zeit selbst nicht zu verändern ist. Die Zeit ist immer gleich und doch hatte ich oft das Gefühl, dass sie schneller verging als sonst. Konnte es tatsächlich an dem schnellen Takt der Zeit liegen, dem auch ich folgte?

War ich es etwa selbst in Schuld, an einem Zeitproblem zu leiden? Ich wollte unbedingt diese Frage aufklären und befasste mich intensiv mit der konfuzianischen Philosophie. Konfuzius beschäftigte sich sein ganzes Leben lang mit Harmonie und Balance. Auch mit den höchsten Zielen, die ein Mensch erlangen kann. Ausgeglichenheit garantiert auch heute einen gesunden Körper und weniger Herzkrankheiten.

Meine Lebensqualität hat sich erheblich verbessert. Mit der Hilfe der Natur ist es mir gelungen dauerhaft ein glückliches, wohl durchdachtes Leben zu führen. Darum möchte ich nun wieder einen kleinen Abstecher in den

Wald machen, nur dort kann ich Ruhe finden und Abstand vom Stress und nur dort spielt Zeit keine Rolle.

Ich möchte ihnen die Natur näher bringen und beweisen, dass wir ohne sie nicht mit unserer Seele ins Gleichgewicht kommen. Die Weisheit des Konfuzius half den Menschen schon vor 2500 Jahren mit ihren Problemen umzugehen. Seine Weisheit war scharfsinnig und zeitlos. Die sogenannte Zeit- Weisheit des einzigartigen chinesischen Gelehrten eignet sich nicht nur für mich, sondern auch für alle anderen Menschen. Ich wende sie stets und überall an und begebe mich jedes Mal auf eine wunderbare Zeitreise, in die Welt eines weisen Mannes, den man Konfuzius nannte.

Teil 5

Nun aber erst ein wenig Naturkunde:

Jetzt im Frühjahr fängt alles an zu blühen. Viele verschiedene Gerüche und Düfte umgeben uns. Die Natur fängt an zu leben und will uns viele Geschichten erzählen. Ich will ihnen aufzeigen, dass man aus der Natur viel mehr schöpfen kann als man denkt. Sehr viele Kräuter und Unkräuter, wie man sie fälschlicherweise nennt, sind essbar und lebenswichtig für unseren Körper.

Pflücken sie im Frühjahr eine Handvoll frische Buchenblätter, 5 Löwenzahnblüten. Sie brauchen noch 200g Frischkäse, 100g Sauerrahm, etwas Zitronensaft, Pfeffer und Salz, Löwenzahnhonig. (Aus dem Reformhaus).

Zubereitung:

Etwa 8-10 Buchenblätter klein schneiden. Aus den jungen Löwenzahnblüten, die Blütenblättchen einzeln herauszupfen. Frischkäse und saure Sahne, Zitronensaft, Pfeffer und Salz und Löwenzahnhonig mit den kleingeschnittenen Blüten- und Buchenblättern vermischen. Ziehen lassen und ein köstlicher Brotaufstrich von der Tafel des Schöpfers ist fertig.

Gerade im Frühjahr, wenn die Natur anfängt zu leben, ist es besonders schön hinauszugehen, um seine Seele zu reinigen, neue Pflanzen und Tiere zu enddecken, tief einzuatmen und Eins zu werden mit ihnen.

Teil 6

Der Glücksdrache

Die Chinesen nennen ihn „YOUKONG". Er sollte für
mich die längst vergangene Zeit wieder lebendig
werden lassen. An dieser Stelle muss ich ehrlich
zugeben, dass mich chinesische Glücksdrachen immer
schon interessierten und magisch anzogen. YOUKONG
arbeitete als Hausdrache bei dem großen Gelehrten
Konfuzius. Es war eine Aufgabe, das Hab und Gut
seines Meisters zu hüten und seine Familie zu
beschützen. YOUKONG entstammte einer Familie
mächtiger Drachen. Einer seiner Vorväter hatte sogar
die Schätze der Kaiser verteidigt. Darauf war er stolz.
Über die Jahre, in denen er sein Amt ausfüllte, hatte er
an Kraft verloren.

Die Arbeit im Haus des großen Philosophen war
anspruchsvoll und sehr anstrengend für den Drachen
geworden. Tagsüber stand er seinem Herrn zur Seite
und selbst im Schlaf wachte er mit einem Auge über
das Haus. YOUKONG war rund um die Uhr beschäftigt.
Er nahm sich keine Zeit mehr für die Dinge, die ihm
Spaß machten.

Als Konfuzius eines Morgens in sein Arbeitszimmer
kam, entdeckte er seinen Drachen am Boden
kriechend. Konfuzius war irritiert und wollte wissen was
er hatte.

Konfuzius sagte einst: „Tue etwas, was du mit Leidenschaft füllen kannst. Nicht einen Tag in deinem Leben, wirst du schwer arbeiten müssen, denn der Weg ist das Ziel." Die Chinesen vergötterten den Drachen „ YOUKONG". Er war keinesfalls ein Ungeheuer, nein er symbolisierte das Glück, die Weisheit und die Stärke. Auch die Güte und den Schutz Gottes.

Teil 7

Was bedeutet „ZEIT"?

Noch einmal möchte ich über die Zeit sprechen. In den romanischen Sprachen hat das Wort „ZEIT" zugleich die Bedeutung von Wetter. Viele tausend Jahre lang richteten sich die Leute in der Taktung des Tages nach der Natur. Der Tag begann mit der aufgehenden Sonne und beendete ihn, als es dunkel wurde. Die damaligen Menschen passten ihr Leben an die Jahreszeiten an. Welches Selbstbild hatte ich eigentlich von mir? Welchen Einfluss hatte mein Selbstbild auf mein Leben?

Jedenfalls hatte ich meine Leistungsfähigkeit wiedergefunden und auch einen Weg wie ich sie steigern konnte. Ich wollte nun wissen, welche Auswirkungen Stress und Zeitmangel auf unseren Körper und auf die Seele hat. Ich erfuhr wie ich die hektischen Verhaltenseigenschaften loslassen konnte. Langsam entwickelte ich ein neues Bewusstsein für die Zeit.

Teil 8

Die Urkraft der Natur.

Immer wieder nahm ich mir die Zeit einen Ausflug in die Natur zu machen. Die Kraft, die ich brauchte konnte ich nur dort abschöpfen. Mit Demut stellte ich jedes Mal fest, dass jeder Baum einen anderen Einfluss auf meinen Körper nimmt. Komisch ist, das ich mich in der Gegenwart von einigen Bäumen wohl fühle und bei anderen nicht. Dann verglich ich diese Gefühle mit den Gefühlen für die Menschen. Oft ist ein Augenblick entscheidend, um festzustellen ob man jemanden sympathisch findet oder nicht. Ich wusste und weiß, dass jeder Baum auch ein eigenes Energiefeld hat. Man nennt es auch „metamorphisches Feld". Es kann sogar genau gemessen werden. Jedenfalls bewirkte dieses Feld bei mir etwas Eigenartiges, Schönes, immer wenn ich es betrat.

Ich glaube, dass Menschen, die sehr feinfühlig sind, eher diese Energie spüren können. Im Grunde aber denke ich, dass wir sie alle fühlen.

Es sollte klar sein, dass Hektik und Zeitnot Gift sind. Wir werden krank. Es macht sich mit dem Anstieg des Adrenalinspiegels bemerkbar. Unser Puls geht schneller. Die Atmung wird hektisch. Der Blutdruck steigt rasant an. Der Körper schüttet Kortisol aus. Es steigt die Körpertemperatur. Der Körper reagiert sofort, indem er vermehrt Schweiß bildet, um die Haut zu kühlen. Nun steigt der Energieverbrauch rasant an. Das Gehirn kann die gewohnte Leistung nicht mehr bringen.

Es hat seinen guten Grund, warum wir so auf Stress reagieren. Es ist ein Überbleibsel aus Urzeiten. Wir leben am effektivsten, wenn wir „STRESS" auf ein gesundes Maß reduzieren.

Teil 9

<u>Der Narr tut, was er nicht lassen kann.</u>

Der Narr tut was er nicht lassen kann, der Weise lässt, was er nicht tun kann. Diese Worte sprach einst Konfuzius. Wie weise doch dieser Mann war.

Nun möchte ich sie wieder zu einem kleinen Ausflug in den Wald einladen. Wussten sie, dass sich um die Eberesche einige Mythen und Geschichten ranken? Sie ist auch bekannt als Vogelbeerbaum.

Dieser Baum ist häufig an Waldrändern und Lichtungen zu finden. Die Eberesche ist ein zartes und lichtdurchflutetes Gewächs. Ihre Blüten, Knospen und frischen Blätter versprühen im Frühjahr einen zarten Duft nach Marzipan aus. Im Spätsommer färben sich die doldenartig angeordneten Beeren orange-rot. Sie locken dann zahlreiche Vögel an.

Die Mythen, die sich um diesen Baum ranken sind wunderschön. Sie sollen angeblich dem germanischen Gott Donar geweiht sein. Früher trockneten die Menschen die Beeren und vermahlten sie im Winter. Das Mehl wurde zum Strecken von Mehl, welches man zum Brotbacken nutzte, verwendet. Im frischen Zustand wirken die Beeren abführend und als Tee gekocht wirken sie gegen Durchfall.

Hier ein Rezept für Ebereschenkompott.

Sie brauchen ein Kilogramm Ebereschenbeeren. Wasser, Rohrzucker.

Zubereitung:

Die Früchte waschen und in einen Topf füllen. Mit Wasser bedecken und diese kochen, bis sie weich sind. Allerdings dürfen sie nicht platzen. Zucker nach Geschmack dazugeben und noch einmal aufkochen. Das fertige Kompott in Gläser füllen und luftdicht verschrauben.

Es schmeckt vorzüglich zu Wild, Käse und Rindfleisch-Gerichten. Ein Löffel Beerenkompott täglich stärkt das Immunsystem.

Teil 10

Nimm dir ZEIT für deine Träume.

Nun endlich konnte ich mir die Zeit nehmen, meine Träume und Wünsche, mit meinem Mann zusammen, zu Papier zu bringen. Meine Prioritäten zeichneten sich immer klarer ab. Ich war mit mir und anderen Menschen viel geduldiger. Liegen heute Termine an, so lasse ich diesem einen angemessenen, zeitlichen Vorlauf. Viele Aktivitäten auf einmal gibt es nicht mehr.

Einen Gang zurücksetzen war zu meinem Leitsatz geworden. Ich listete alle Aufgaben auf, die ich zu erledigen hatte und erstellte eine Tu-do-Liste. Von jetzt auf gleich rannte ich keinen wichtigen und unwichtigen Dingen mehr nach. Ich wollte keine unnötigen Energien vergeuden und teilte mir eine bestimmte Zeit am Tage für Muße, Entspannung und Nichtstun ein. Dies tue ich bis heute.

Ein kleiner Ausflug in die Natur gefällig?

Die gute, alte Eiche. Davon sind bei uns zwei Arten verbreitet. Sie können einige hundert Jahre alt werden. Bis zu 40 Meter ragen sie in den Himmel. Die Eiche blüht zum ersten Mal, wenn sie schon 50 Jahre alt ist.

Im Gegensatz zu den Blättern, sind die Blüten des Baumes äußerst zart.

Gern gehe ich durch den Herbstwald und höre das Schreien der Eichelhäher. Die Eicheln sind Nahrung und Leckerbissen für viele Tierarten. Jetzt im Herbst werden aller Orts, die Vorratskammern damit gefüllt. In vielen Epochen der Zeitgeschichte, galt die Eiche als heiliger Baum.

Sammeln sie doch im Herbst welche. Brechen sie die Schalen auf und schneiden sie die Früchte klein. In der Pfanne bei mäßiger Hitze anrösten. Nun alles abkühlen lassen und grob in der Kaffeemühle zermahlen. Das Eichelmehl gut verschlossen aufbewahren. Einen Teelöffel Pulver und eine Tasse Wasser kurz aufkochen lassen. Mit einer Prise Kardamom verfeinern. Den Kaffee mit Milch genießen.

Teil 11

Wieder zurück zur „ZEIT" -

Ich habe bis heute viel.

Ich habe bis heute viel erreicht, mit der Hilfe meines geliebten Mannes. Er gab und gibt mir Kraft in allem was ich tue. Ich denke, dass ich den Mindeststandard erfülle. Dabei musste ich mich nicht einmal anstrengen. Damals aber bewegte ich mich auf einem sehr hohen Stressniveau. Kinder, Haushalt, Beruf. Ehrlich gesagt, es war einfach zu viel. Zuviel Planung bewirkte bei mir, dass mir die Zeit einfach fehlte alles umzusetzen.

Ich musste mir für die Erledigung meiner Aufgaben unbedingt ein Zeitlimit setzen. Mein Ziel war es, ein friedliches und harmonisches Leben in Balance zu führen. Solange ich Beruf, Kinder, Haushalt und die Versorgung meines Mannes, meiner Mutter und meiner Großmutter bewältigen musste, war dieser Wunsch nicht erfüllbar.

Konfuzius sagte einst, dass Zufriedenheit auch in der Armut Glück bringt.

Die Aufgaben zu Hause waren klar verteilt. Brote schmierte ich für die Kinder am Morgen. Es waren die Brote für die Schule. Noch ein Kaffee für mich. Plötzlich piepste mein Handy. Eine Arbeitskollegin hatte mir eine

Nachricht geschickt. Ich konnte sie auf keinen Fall warten lassen und räumte schnell den Tisch ab. Ich musste rasch raus aus dem Haus. Hektisch sprang ich ins Auto, brachte die Kinder weg und fuhr mit quietschenden Reifen ins Büro. Kaum am Schreibtisch sitzend, klingelte schon das Telefon. Der Mail-Eingang platzte aus allen Nähten.

Es blieb mir damals nicht einmal Zeit, in der Kantine etwas zu essen. Den Stapel Anträge, der auf meinem Schreibtisch lag, war am Ende des Tages genauso hoch wie am Morgen. Doch leider drängte mich wieder die „ZEIT" schnell nach Hause zu fahren. Die Familie wartete schon auf mich. Schnell kochte ich ein Abendessen, welches auch endsprechend fade schmeckte. Unter Zeitdruck vergaß ich zu würzen.

Am Tisch hörte ich mir dann noch die Probleme der anderen an. Schnell noch in die Küche alles aufräumen. Ach man, ein Korb Wäsche musste auch noch gebügelt werden. Endlich konnte ich die Beine hochlegen, es war schon spät. Mir vielen an vielen Abenden aus diesem Grund die Augen zu. Ein intensives Entspannungsbad, Haare tönen und vieles mehr, war einfach nicht möglich. Am nächsten Morgen wiederholte sich alles. Leider führt der Druck der Tempogesellschaft dazu, dass wir auch unser Lebenstempo erhöhen.

Teil 12

Die Ganggeschwindigkeit der Gesellschaft.

Der Psychologe Richard Wiseman, kam zu der
Erkenntnis, dass sich die Ganggeschwindigkeit der
Menschen um ca. 10 Prozent beschleunigt hat. Sie
wollen alles und viel zu schnell erledigen. Ich nenne es
Hetzkrankheit.

Schnell ein dringend nötiger Abstecher in die Natur.

Laufen sie gemütlich durch den Wald. Bald schon
werden sie auf eine Fichte stoßen. Die Erinnerung an
Weihnachten wird wach. Meine Eltern hatten jedes Jahr
eine echte Fichte, die damals einen intensiven Duft
verströmte. Die Fichte hat im Gegensatz zur Tanne,
hängende Zapfen. Sie hielt vor etwa 200 Jahren in
Europa Einzug. Auch um diesen Baum ranken sich viele
Mythen und Geschichten. Dieser Baum wird als weiblich
betrachtet und ist der Mutter- und Lebensbaum
schlechthin. Ihre Wirkung auf den Menschen soll
schützend und lebenserneuernd sein.

Die Fichte ist als Bauholz kaum wegzudenken. Fast alle
Gewächse in der Natur wurden in der Vergangenheit
verwendet, um den menschlichen Körper gesund zu

erhalten. Auch für Schnitzereien und Bauten aller art. Instrumente und Werkzeug nicht zu vergessen.

Hier ein kleines Rezept:

Schmerzlindernder Franzbranntwein

Nehmen sie eine Handvoll Fichtenwipfel, 3 Esslöffel Wacholderbeeren, 300 ml Korn, 3 Tropfen Rosmarinöl, 3 Tropfen Lavendelöl.

Zubereitung:

Nehmen sie ein weites Gefäß und geben sie nun die Fichtenwipfel hinein. Außerdem die leicht gequetschten Wacholderbeeren. Mit dem 38%igen Korn aufgießen. Diesen Ansatz für 2 Wochen an einen warmen Ort stellen. Jeden Tag schütteln. Danach den Ansatz durch ein Sieb schütten. Nun noch die ätherischen Öle dazugeben.

Mein Tipp:

Dieser Franzbranntwein hat einen kühlenden Effekt, lindert Rheuma und Muskelkater.

Nun noch etwas zum Naschen aus der Natur:

Fichtenkonfekt ganz fein (junge Maiwürfel).

100g Vollmilchschokolade, 1 Teelöffel Kokosfett, 1 Tropfen Orangenöl.

Zubereitung:

Schokolade und Fett im Wasserbad erhitzen und zu einer geschmeidigen Masse verrühren. Nun das Orangenöl dazu geben. Die Masse in einen Eiswürfelbehälter füllen und im Kühlschrank fest werden lassen. Zum Schluss, die Würfel einzeln in Schokoglasur tauchen und auf ein Backpapier nochmals trocknen lassen.

Teil 13

Wenn die Seele nach Hilfe ruft.

Die meisten unter uns denken, immer erfolgreich sein zu müssen. Es treibt sie ständig zu Hochleistungen an. Sie alle machen ihre Arbeit mit Begeisterung. Doch sie überschätzen sich gewaltig. Die eigenen Bedürfnisse werden ausgeschaltet. Das Ergebnis ist, dass sich

Müdigkeit einschleicht ausgerechnet dann, wenn man sie noch nicht gebrauchen kann.

Es entwickeln sich falsche Essgewohnheiten. Die Zeit fehlt einfach, sich richtig auszuruhen. Die lebenswichtigen Warnsignale des Körpers werden übersehen. Viele greifen dann zu Schlafmitteln, Aufputschpillen, Schmerzmittel, Nikotin und Alkohol. Es ist ein Irrglaube, so weiterhin existieren zu können.

Viele ziehen sich spätestens jetzt, aus dem gesellschaftlichen Leben zurück. Familie, Freunde und Kollegen werden nicht mehr wahrgenommen. Ohne es zu merken, rutschen diese Menschen immer tiefer in die Isolation ab. Die Betroffenen verdrängen sämtliche Gefühle und verhärten innerlich. Das gesamte Ausmaß der Erschöpfung zeigt sich in Form von Schmerzen, Gereiztheit, Angst vor einem Zusammenbruch. Seine Seele scheint sich in eine Starre zu befinden. Schließlich folgt der unausweichliche, körperliche und seelische Zusammenbruch.

Das Schlagwort ist „ DEPRESSION". Darum erinnere ich noch einmal daran, dass wir alle unbedingt einer neuen Zeit entgegen gehen müssen. Ja, ich habe schon lange ein neues Bewusstsein für die „ZEIT" entwickelt. Klingt das nicht verheißungsvoll? Aber sicher. Was ist denn damit gemeint? Meine neue Lebenshaltung machte mir bewusst, Herausforderungen offen zu begegnen. Es war ein langer Veränderungsprozess, den ich mit Disziplin vollzog.

Nun wieder ein Ausflug in die Natur.

Mein Wald ruft und da er direkt an meine Wohnung grenzt, bin ich schnell dort. Jetzt im Frühling fängt zart alles zu blühen an. Ich kam vor ein paar Tagen an einen riesigen Baum vorbei, der mindestens 12 Meter hoch war. Unter dem Namen „Hasel", steht er in jedem Naturkundebuch.

Jahr für Jahr entwickeln viele Menschen ausgeprägte Allergien gegen Pollen aller Art. Ich selbst bin gegen Haselnussblüten allergisch. Aber ich esse die Nüsse gerne. Man findet die Haselnuss oft als Heckenpflanze am Feldrand. Sie vermehrt sich schnell. Der Baum bekommt eine breite, buschige Krone und seine behaarten Blätter laufen nach vorne spitz zu.

Die hängenden Kätzchen blühen in einem hellen Gelb. Die weiblichen Blüten bilden rote Knospen aus. Der Mythos, dass die Hasel dem Donnergott Thor geweiht wurde, hält sich bis heute. Der Haselnussstrauch ist Symbol für den Frieden und wird auch als Wünschelrute benutzt. Diese werden am Dreikönigstag geschnitten.

Hier das Rezept für einen leckeren Likör:

Sie brauchen 250 g frisch geerntete und geschälte Haselnüsse, 700 ml Birnenschnaps, eine aufgeschlitzte Vanillestange, 3 gemahlene Kardamomsamen, 100 g Honig und 125 ml warmes Wasser.

Zubereitung:

Die Nüsse zerkleinern und mit dem Schnaps, den Gewürzen in einen langhalsigen Glasbehälter füllen. Vier Wochen an einem hellen Ort stehen lassen. Zwischendurch immer mal schütteln. Filtern sie nun den Ansatz. Lösen sie den Honig im Wasserbad auf. Alles zurück in die Karaffe schütten. Schütteln und wieder 4 Wochen stehen lassen. Fertig ist ein guter und köstlicher Schnaps.

Haselnuss- Körperbalsam.

Sicher wird man ihn kaufen können, aber selbstgemacht ist doch etwas Anderes.

Sie benötigen:

5ml Haselnusstinktur (aus dem Reformhaus oder Apotheke), jeweils 5 Tropfen ätherisches Öl von Litsea Cubeba und Wacholder. 15 ml Haselnussöl, 30 ml Jojobaöl, 50 ml Lavendel- Hydrolat, 100 ml Zerstäuber- Fläschchen.

Alle hier angegebenen Öle und Tinkturen in die Zerstäuber- Flasche geben. Gut schütteln.

Sie haben nun ein straffendes und erfrischendes Hautfluid hergestellt.

Noch einmal möchte ich daran erinnern, dass sich dringend jeder von uns eine tägliche Auszeit nehmen sollte. Dabei kommt es nicht darauf an wie lange es dauernd, sondern wie intensiv wir sie für uns nutzen. Und wenn es nur eine Stunde am Tag ist, in der sie sich erholen und neue Energie tanken. Wichtig ist die Ruhe und Entspannung, die ihnen neue Kraft schenkt.

Teil 14

Schritt für Schritt zu mehr Zeit

Denken sie stets daran, täglich eine Auszeit in ihren Alltag einzufügen. Dabei spielt es keine Rolle, wieviel Zeit sie sich dafür nehmen. Es ist nur wichtig, dass sie sich vollkommen entspannen und neue Kraft schöpfen.

Heute habe ich ein neues Bewusstsein für die Zeit entwickelt. Was ich damit meine ist, meine neue Lebenshaltung, die ich im Laufe der Zeit entwickelte.

Mittlerweile kann ich auch wieder den Augenblick bewusst genießen. Herausforderungen nehme ich trotz meines Alters gerne an. Ich begegne ihnen neugierig und offen. Außerdem bin ich bereit mein Tun ständig zu optimieren. Wir alle sollten achtsamer durchs Leben gehen. Wenn wir dies schaffen, erst dann wird uns bewusst werden, was wir gerade tun. Automatisch halten wir uns stets im gegenwärtigen Moment auf. Stellen sie Achtsamkeit und Konzentration nicht gleich.

Unsere Blickwinkel verkleinern wir, wenn wir uns auf etwas konzentrieren. Wir sind achtsam, wenn wir uns gerade für etwas öffnen. Ich habe gelernt mich und meinen Alltag zu beobachten. Ich fand heraus, wann und wo ich in Zeitfallen getreten war. Jetzt erst wurde ich Erforscher meines Lebens und das meines Mannes. Von nun an beobachtete ich alles mit mehr Distanz.

Es stellte sich Neugier ein, die mich fragen ließ, warum ich das eigentlich so und nicht anders mache. Warum ging es mir damals nicht gut? Ich bezeichne mich als Forscher der Zeit und Zeitforscher hinterfragt seine Entdeckungen, weil er herausfinden will, warum er immer wieder in die gleiche Situation gerät.

Wir sollten öfter und mit Sorgfalt das eigene Tun hinterfragen und es hängt von uns ab, wie wir Stress und den Umgang mit der Zeit erleben. Der Mensch ist ein Gewohnheitstier. Was er einmal gelernt hat, wird er immer wieder tun. Das ist ja auch in Ordnung, solange das, was wir tun sinnvoll ist.

Man lernt im Leben nie aus. Das ist gut so. Ich habe mich nie von Rückschlägen entmutigen lassen. Sie gehören einfach dazu, solange es nicht zu viel wird. Ich eroberte mir meine Zeit von der Tempogesellschaft zurück. Ich habe es bis heute geschafft Herr über meine Zeit zu werden.

Etwas aus der Natur.

Immer wieder komme während meiner Spaziergänge, an einen riesigen Holunderbusch vorbei. Man nennt ihn auch Holler Busch. Er soll das Haus und ihre Bewohner beschützen.

Der Holunder besitzt gute Heilkräfte und wird vorzugsweise gegen Grippe und Erkältungen als Tee getrunken. Bei Sonnenbrand kann er als Salbe aufgetragen werden. Der Holundersaft ist besonders schmackhaft. Bei Verstopfung kann die Rinde verwendet werden. Die Blüten werden bei Grippe und Erkältungen als Tee getrunken und bei Sonnenbrand als Tee aufgetragen. Besonders lecker sind sie im Holundersaft. Bei Verstopfung wird auch die Rinde verwendet. Die Blätter des Holunderbusches wirken harntreibend. Kaum zu glauben, was uns die Natur bietet. Wenn wir konsequent aus der Natur leben und auch lernen würden, hätte so manche Krankheit keine Chance.

Hier ein Rezept:

Holunderküchlein

20 frische Holunderblüten, 1 Ei, 500 ml Milch, 20 g Zucker, etwas Vanillezucker, 200 g Mehl, Kokosöl.

Aus dem Ei, Zucker, Vanillezucker und Mehl einen Teig herstellen. Nun die Holunderblüten in den Teig geben und diesen in heißem Kokosöl zu kleinen Küchlein ausbacken. Sie schmecken mit P Beeren-Kompott oder Vanillejoghurt sehr gut.

Teil 15

Yuokong wird weise.

Es wurde höchste Zeit für Konfuzius. Als sich Yuokong, der Drache, etwas beruhigt hatte, widmete er seine Gedanken ganz seinem Meister Konfuzius. Sooft schon hatte er seine Weisheit mit dem Drachen geteilt. Yukon aber hatte sie einfach ignoriert. Die Lektionen von Konfuzius beinhalteten alles, was man brauchte, um „HERR ÜBER DIE ZEIT" zu werden.

Das beinhaltete: Endschleunigen, reduzieren, balancieren und das Wichtigste, die Selbstbestimmung. Immer wenn sein Meister ihn mit diesen Lektionen belehren wollte, stellte sich Yuokong taub. Auf keinen Fall wollte er an seinem Lebensstil etwas ändern. Kaum, dass der zu seinem Meister zurückgekehrt war, stand Yuokong vor dem Problem, welches ihn zuvor vertrieb. Ein echter Glücksdrache würde er wohl nie werden, dafür fehlte ihm die Zeit. Wie sollte er denn seine ZEIT wiederfinden, wenn er sie einmal verloren hatte?

Die eigenartige und völlig fremde Welt da draußen vor der Höhle war viel zu schnelllebig für ihn. Schon wieder wünschte sich Yuokong in einer anderen Zeit zu sein. Er sehnte sich nach seinem früheren Leben. Die Arbeit, die er verrichten musste, erforderte viel Verantwortung, der er nicht mehr gewachsen war. Doch in seiner angeblichen Not, empfand der Drache seine Arbeit plötzlich gar nicht mehr so schwer. Dann erinnerte er sich daran, was Konfuzius immer sagte und es lief ihm eine Träne über die Wange.

Als er jung war, konnte er die Lektionen seines Meisters nicht verstehen. Er wollte es aber auch nicht. Was man nicht hören will, versteht man meistens erst, wenn es zu spät ist. Ein Lächeln huschte über sein Drachengesicht. Wie oft hatte er seine Ohren verschlossen, wenn sein Meister ihn belehren wollte. Sein Herz wurde schwer, denn er konnte diese ZEIT nicht mehr zurückholen.

Teil 16

Der Wald ruft.

Früher stand bei meiner Großmutter ein riesiger Walnussbaum im Garten. Das sich dort sämtliche Tierarten wohlfühlten, kann ich nachvollziehen. Oft kühlte ich mich unter seiner Blätterpracht ab, wenn ich nach dem Toben im Garten außer Puste war. In der Sonne dufteten seine Blätter besonders intensiv und ich sog gierig deren Duft ein. Damals war ich sehr beeindruckt von seiner mächtigen Ausstrahlung und fragte mich oft, wer ihn wohl gepflanzt hatte.

Sehnlichst fieberte ich dem Herbst entgegen, denn dann konnten die Nüsse geerntet werden.

Meine Großmutter hatte einen alten Kachelofen, auf dem sie die Walnüsse zum Trocknen legte. Oft mopste ich mir ein paar vom Ofen. Über die Jahre bekam der alte Nussbaum morsche Zweige und musste gefällt werden. Doch wie der Brauch es vorschrieb, hatten mein Mann und ich einen neuen Baum gepflanzt. Die letzten Sommer waren heiß und lang und trotzdem wollte der Baum nicht wachsen. Doch der Baum gibt einfach nicht auf und wird langsam größer. Sicher wollen sie wissen, warum mir der Nussbaum so am Herzen liegt. Nun, nach dem keitischen Baumhoroskop soll ich unter dem Zeichen des Nussbaumes geboren sein.

Hier ein Rezept:

Walnussbrot oder Weihnachtsbrot

1 kg gedörrte Birnen, 250 g Dörrpflaumen, 250 g Feigen, 500 g Rosinen, 200 g Walnüsse, 200 g Orangeat, 200 g Zitronat, Zimt, Zitronenschale, Kakao, Zucker nach Geschmack, 250 ml Rum, 30 g Hefe, 100 g

Sauerteig, 500 g Weizenmehl, 500 g Roggenmehl, 1 TL Salz, 1 TL Anis.

Zubereitung:

Die Birnen in ein wenig Wasser weich kochen und abgießen. Den Sud zur Seite stellen. Abgekühlte Pflaumen, Birnen und Feigen klein würfeln. Mit den restlichen Zutaten, Gewürzen und dem Rum ziehen lassen.

Hefe und Sauerteig mit etwas Wasser zu einem Vorteig anrühren, dann gehen lassen. Mehl mit Salz und Anis mischen. Den Vorteig und das Obstwasser dazu geben. Alles zu einem geschmeidigen Teig verkneten.

Nun die Fruchtmasse einkneten und den Teig ruhen lassen. Brotlaibe von ca. 600 g formen, auf ein Blech legen und nochmals ruhen lassen.

Die Laibe mit Zuckerwasser bestreichen und eine Stunde bei 160 Grad backen. Zwischendurch mehrmals mit Zuckerwasser bestreichen.

Teil 17

Yuokong wird weise (Fortsetzung)

Es war zu spät und Yuokong konnte die ZEIT nicht mehr zurückholen. Sein Herz wurde schwer, denn die vergangene ZEIT war unwiederbringlich vorbei. Es gab so viel Schönheit und Freuden in seinem Leben, doch Yuokong wollte sie einfach nicht sehen. So einfach sie auch waren, die weisen Worte von Konfuzius, so beinhalteten sie doch die Lösung für die Probleme mit der ZEIT. Ja, Lösung bedeutet auch, sich von etwas zu lösen, alle Fesseln zu sprengen. Fesseln, die einen daran hindern, das zu tun, was man möchte. Dies sind die Gedanken, die man hat aber auch die Fesseln dieser Welt.

Wer loslassen kann, hat beide Hände frei. Er gewinnt nicht nur ZEIT, sondern auch eine andere Sicht auf sie. Nur wer Altes loslässt kann Neues beginnen. Was für ein Schatz hatte sein Meister ihm hinterlassen. Nicht nur der Drache hatte die kraft der konfuzianischen Weisheit ignoriert, sondern auch die Menschen da draußen. Auf seinem Rundflug durch die schnelllebige Welt vor seiner Höhle, war er zu der Überzeugung gekommen, dass es den meisten Menschen so erging, wie ihm selbst. Die Menschen lebten gegen ihre Natur und hatten viel zu tun. Sie waren kaum noch in der Lage etwas loszulassen.

Yuokong hatte seine ZEIT verschlafen und sah plötzlich einen Sinn darin. Er sah es als Aufgabe an, das Erbe Konfuzius in eine Zeit zu tragen, in der seine Weisheit mehr denn je gebraucht wird. Hatte sein Meister nicht sowas in der Art angesprochen? Der Drache hatte das Gefühl, die Stimme seines Meisters zu hören.

Er sagte einmal, dass ein Arzt, der selbst nie krank ist, kein guter Arzt sei.

Konfuzius selbst war der Arzt, der unter der Hetzkrankheit der Menschen gelitten hatte. Deshalb konnte er auch anderen Menschen helfen. Nach dieser Erkenntnis, fühlte sich Youkong viel besser. Nur deshalb entschloss sich der Drache, nach einem 2500 Jahre andauernden Schlaf, seine Höhle zu verlassen. Er wollte die Menschen in diesem Jahrhundert davor bewahren, den gleichen Fehler zu machen wie er. Er war gewissermaßen das Sprachrohr seines großen Meisters Konfuzius und wollte ab sofort die fünf großen Lektionen seines Meisters verbreiten. Nur wer diese Lektionen versteht, kann Meister über die ZEIT werden.

Teil 18

Etwas aus der Natur, denn sie gehört unwiederbringlich zu unserem Leben dazu.

Die Hundsrose

Zufällig wächst ein riesiger Busch in meinem Garten. Tatsächlich erreichte er im Laufe der Jahre eine Höhe von mehreren Metern. Mich begeistern immer wieder die herrlichen rosaweißen Blüten, die im starken Wiederspruch zu den sichelförmigen Dornen stehen. Die Hundsrose wird auch im Volksmund Hagebutte, Wild- oder Zaun Rose genannt. Auch Heckenrose ist ein geläufiger Begriff.

In den alten Kulturen hatte die Rose eine besondere Bedeutung. Sogar als Grabbeigabe fand man sie bei den alten Ägyptern. Als Beigabe für die Feuerbestattung nahmen die Germanen, das Holz der Heckenrose. Bei den Römern stand die Verschwendungssucht an erster Stelle. Sie feierten regelrechte Orgien mit diesen Rosen. Ganze Festsäle schmückten sie damit. Rosenwasser stellte man zum Reinigen der Hände bereit. Damals wie heute werden Parfüms und Seifen mit Rosenduft versetzt.

Die Rose galt immer schon als Liebessymbol. Man sagt, dass sie die Blume der Frauen sei. Den Erzählungen kann man entnehmen, dass Maria und das Jesuskind, unter einer wilden Rose Rast machten. In der Naturheilkunde gilt die Heckenrose als kühlend, zusammenziehend, entzündungshemmend, leicht abführend. Blütentee oder Rosenwasser, helfen bei Entzündungen der Augen.

Beruhigendes Gesichtswasser, leicht hergestellt.

Sammeln sie Wildrosenblüten, eine Prise Salz, Apfelessig.

Alle Zutaten in ein Glas geben und gut verschrauben. Eine Woche lang an einen hellen Platz stellen. Jeden Tag gut schütteln und danach die Rosenblüten abseihen. Eins zu eins mit Wasser verdünnen.

Noch ein Tipp:

Passen sie gut auf die Dornen auf, die es ihnen beim Pflücken der Hagebutten nicht leicht machen.

Teil 19

Fokussieren und Ziele setzen

Sehr schnell hatte ich verstanden, dass der tägliche Stress meine Gesundheit ruinierte. Wie sehr wünschte ich mir, besser mit der ZEIT auszukommen. Was ich glaubte längst in den Griff bekommen zu haben, stellte sich als Irrtum heraus.

Dazu musste ich Fokussieren. Dieser Begriff stammt aus der Fotografie und bedeutet so viel wie: „scharf stellen". Auf das Thema des Buches übertragen heißt Fokussieren: Untersuche für dich, was in deinem Leben wirklich wichtig ist. Blende alles Unwichtige aus.

Zuerst einmal setzte ich mir damals Ziele, im Berufs- und Privatleben gleichermaßen. Nichts ließ ich einfach auf mich zukommen. Es gab Zeiten, in denen ich glaubte, keine Macht und keinen Einfluss über meine Zukunft zu haben. Wie einfältig diese Gedanken doch waren.

KONFUZIUS sagte einst:

Am Baum der guten Vorsätze gibt es viele Blüten, aber wenig Früchte.

Wie konnte ich nur denken, dass im Leben alles vom Schicksal oder vom Zufall gesteuert wird. Nun verstand ich erst, warum ich in der Vergangenheit so arg unter Stresssituationen litt.

Ich lebte in einem enormen Ungleichgewicht, zwischen dem, was ich wollte und dem was ich tat. Nachdem ich endlich einen Lebenstraum entwickelt hatte, konnte ich meinem Leben eine neue Richtung geben. Ich ließ mich von keinerlei Schwierigkeiten mehr bremsen. Mit nur einem Ziel vor Augen, wusste ich, dass es der richtige Weg war. Damals hatte ich viele Wünsche, doch ohne ein konkretes Ziel vor Augen, waren es nur wage Vorsätze.

Ich machte jedenfalls eine gründliche Bestandsaufnahme und konnte so alle meine Träume festhalten, damit sie sich nicht verflüchtigten. Haben sie sich schon einmal ein Zeittagebuch angelegt? Ich tat es und machte eine Traumliste. Sie beinhaltete alles. Zum Beispiel eine neue Küche, ein größeres Auto oder ein Haus am Strand von Malibu und vieles mehr. Meine innere Stimme zum Beispiel, legte sofort ein Veto ein. Jetzt musste ich meine Wünsche schriftlich fixieren, egal wie unrealistisch sie auch waren.

Eine Langzeitstudie der Universität Harvard hat gezeigt, das Studienabgänger, die eine klare- schriftlich formulierte- Zielsetzung vor Augen hatten, später dreimal so viel, wie ihre ehemaligen Kommilitonen verdienten.

Oft vergaß ich, was ich schon alles in meinem Leben erreicht hatte. Ich schaute zurück und war stolz. Alle Selbstzweifel waren verschwunden, alle dunklen Gedanken verflogen. Ich dachte an mein erstes Kinderbuch. Dieses Gefühl ist unbeschreiblich. Etwas Eigenes geschaffen zu haben. Zu diesem Zeitpunkt war ich mehr als stolz auf mich. Die Rückblicke nahmen in diesem Augenblick kein Ende. Drei herzensgute Jungen großgezogen, aus denen Männer wurden, die mit beiden Beinen im Leben stehen. Ich könnte noch viel mehr aufzählen, doch ich käme dann vom eigentlichen Thema des Buches ab.

Teil 20

Naturkunde hautnah

Ohne meine tägliche Auszeit geht nichts mehr. Ich nehme mir täglich eine Stunde, die ich in der Natur verbringe. Dadurch entspanne ich mich. Mein Geist und mein Körper schöpfen neue Kraft.

Auf meinem Rundgang fiel mein Blick auf eine stattliche Kiefer, die man auch Baum des Selbstvertrauens nennt. Tatsächlich gibt es 100 Kiefernarten. Birken und Kiefern waren die ersten Bäume, die nach der Eiszeit unser Land besiedelt haben. Die sogenannte Waldkiefer, ist in Europa am meisten verbreitet. Wogegen in den Bergen hauptsächlich in den höher gelegenen Gebieten, die Latschenkiefer dominant ist. Dort ist sie gut geeignet um den nötigen Lawinenschutz zu gewährleisten. Die Latschenkiefer verfügt über ein sehr festes Wurzelwerk und verflochtenen Ästen und schützt hervorragend vor Schnee- und Gerölllawinen.

Dieser Baum hat ein sehr hartes Holz, welches trotzdem elastisch ist. Diese Eigenschaft ist wichtig, um dem Druck der Schneemassen standzuhalten. In den alten Mythen und Geschichten war die Kiefer als Feuerbaum oder Fackelbaum bekannt. Das Holz ist sehr harzreich und brennt hervorragend und auch lange. Es wurde zur Herstellung von Fackeln verwendet. Unter Beimischung verschiedener Kräuter und Öle verwendeten schon ältere Kulturen, das Harz der Kiefern, zum mumifizieren ihrer Verstorbenen.

Bei den Sennern gilt die Kiefer als Wächterin zwischen den Menschen.

Hier ein Balsam- Rezept, welches schnell hergestellt werden kann.

2 EL grob geschnittene Kiefernnadeln, 1 EL Lavendel Blüten, 100g Butterschmalz, je 10 Tropfen ätherisches Öl von der Latschenkiefer, Lavendel, Majoran und Rosmarin.

Butterschmalz vorsichtig im Wasserbad schmelzen. Kiefernnadeln und Lavendelblüten dazugeben. 30 Minuten ziehen lassen und dann abseihen.

Etwas abkühlen lassen und die ätherischen Öle vorsichtig einrühren. In einen Cremetiegel füllen, durchhärten lassen und verschließen.

Teil 21

Regeneriere deinen Körper und deinen Geist.

Ohne Pausen und Erholungsfasen, die ich lernte in meinem täglichen Ablauf einzubauen, ging nichts mehr. Wie ich schon schrieb, habe ich in der Natur meinen Geist regenerieren können. Täglich ca. eine Stunde. Wer die Möglichkeit nicht hat, einen Wald oder die Natur im Allgemeinen aufzusuchen, der kann sich überall etwas Kraft holen. Dies kann eine Leseecke in der Wohnung sein oder im Büro einfach mal in der Pause ein Buch rausholen. Es gibt so viele Möglichkeiten um sich für kurze Zeit wieder Kraft zu holen. Ich habe zum Glück alles erreicht im Leben, aus meinen Kindern welttaugliche Menschen gemacht. Doch erst vor ein paar Jahren habe ich eine andere Lebenseinstellung bekommen. Heute weiß ich, wie ich meine Leistungs- und Konzentrationsfähigkeit optimal nutzen kann. Durch die regelmäßige Regeneration meines Geistes. Dazu nutze ich den nahegelegenen Wald, der mir nicht nur Ruhe gibt, sondern auch die Augen öffnet, für die Schönheit der Natur. Er entfaltet zu jeder Jahreszeit immer neue Düfte, die außerdem meine Sinne anregen.

Für einige Aufgaben oder Ziele brauche ich mehr Zeit als 24 Stunden. Darum planen wir, mein Mann und ich für eine Woche. Diese beinhaltet: Einkäufe,

Arztbesuche, Tierarzt, Wasch- und Putztage und alle alltäglichen Dinge. Nachdem ich gelernt hatte langfristig zu planen, richtet sich mein Blick nicht nur auf das, was vor mir liegt, sondern erweitert mein Denken auf das, was langfristig wichtig ist. Die Planung einer ganzen Woche, ist deshalb das perfekte Hilfsmittel gegen Hektik, Stress und ZEITDRUCK.

Meine Wochenplanung beginnt schon am Sonntag. Dafür nehme ich mir mindestens eine halbe Stunde Zeit. Auf einer To -do- Liste, sammle ich zuerst alles, was erledigt werden muss. Dann gehe ich die Liste durch und überlege was am Wichtigsten ist und zuerst erledigt werden muss. Ich trage dann ab Montag bis Freitag alles ein, was an welchem Tag erledigt werden muss. Ich vergesse aber auch nicht mehr Pausen- und Ruhezeiten mit einzuplanen.

Konfuzius war einst der Meinung: „ Wer am falschen Faden arbeitet, zerstört das ganze Gewebe."

Früher lief mein Tag folgendermaßen ab: Job, Kindererziehung, einkaufen und vieles mehr. Zusätzlich, war es so, dass ich nie nein sagen konnte, wenn mich Jemand um Hilfe bat. Heute sage ich nein. Wenn ich es nicht gelernt hätte, könnte ich meine eigenen Bedürfnisse nicht befriedigen.

Teil 22

<u>Naturkunde</u>

Wusste sie, dass man das Harz der Bäume auch goldene Tränen nennt? Ja, es funkelt in der Sonne wie ein Schatz. Der Geruch ist balsamähnlich. Das Harz der Nadelbäume ist ein altbewährtes Heilmittel. Es schützt en Baum, wenn er verletzt ist und auch den Menschen.

Bei meinem täglichen Waldsparziergängen, finde ich immer wieder harzende Bäume. Diese Harze werden von den Bäumen gebildet, damit sie ihre eigenen Wunden behandeln und schützen können. Das Harz bildet einen großen Pfropfen, mit dem es die verletzte Stelle am Baum schützt. Dadurch können keine Bakterien eindringen, die ihn zu guter Letzt ganz zerstören.

Das Lärchenwachs soll sehr beliebt sein. Man bohrt kleine Löcher, an die Stellen, die keinen Schaden anrichten können. Dann werden die Bohrlöcher mit einem Holzstopfen verschlossen. Nach einem Jahr, kann das hart gewordene Harz, welches sich darunter gebildet hat, entnommen werden. Harze wirken entzündungshemmend, wundheilend, schleimlösend und ziehen Eiter aus entzündetem Gewebe. Die heilende Kraft wurde schon von unseren Vorfahren erkannt und eingesetzt. Unsere heimischen Harze lassen sich zum Räuchern gut verwenden.

Wenn ich frisches Harz an einer Fichte entdecke, muss ich an meine Kindheit denken, an das ungestüme, forschende Fröhliche. Das Harz der Lärche erinnert mich ans Erwachsenenalter. Dann das zartduftende Harz der Föhre, die mich an meine Großmutter erinnert. Der Duft ist weich und sanft einhüllend und schafft ein Gefühl der Geborgenheit. Je älter Harz ist und je länger es gelagert wird, desto lieblicher ist ihr Duft.

Früher wurde das Harz der Lärche zur Hufbehandlung bei Pferden benutzt. In den Jahren nach dem Krieg wurde Fichtenpech, wie es auch genannt wurde, von Kindern gern gekaut. Nach dem Krieg konnte sich Kaugummi keiner leisten. Das war sogar gut, denn Fichtenharz hatte einen angenehmen Nebeneffekt. Es war entzündungshemmend und wirkte sich positiv auf das Zahnfleisch aus. Das Fichtenharz diente damals auch als Vorläufer für den heutigen Gibsverband.

Teil 23

Verfeinere dein Leben.

Konfuzius sagte einmal, dass ein großer Mensch nie die Einfachheit eines Kindes verliert.

Könnte man nicht vollkommen zufrieden sein, wenn man ruhig und friedlich auf dem Land leben würde, von der Schönheit der Natur umgeben. Ein gemütliches Heim, ein ordentlicher Arbeitsplatz, ein leckeres Essen, welches mit hochwertigen Zutaten gekocht wird, Ein übersichtlicher Kleiderschrank, der die tägliche Kleiderwahl erleichtert. Das klingt doch irgendwie wohltuend und befreiend?

Ja, tut es, aber in Wirklichkeit sieht alles anders aus. Unser Heim entwickelt sich als Hochleistungs- Job. An die Mietkosten oder die monatlichen Raten, will man gar nicht denken. Kommunikationsmittel wie Handy, E-Mail sollen uns eigentlich das Leben erleichtern. Mittlerweile haben sich diese angeblichen Lebenshilfen als Stressfaktor entwickelt. Unbewusst machen sie uns immer verfügbar und lenken vom Wesentlichen ab. Mich wundert es da nicht, dass immer mehr Menschen das Bedürfnis haben ein einfaches Leben zu führen. Einfach und simpel. Ohne Luxus, sondern nur mit dem Notwendigsten. Wussten sie, dass in Amerika eine gesellschaftliche Bewegung entstand, die sich Tiny House Movement nennt?

Sie propagieren das Leben auf minimalsten Wohnraum. Familien, Singles oder Paare leben oft auf nur 20 oder 30 Quadratmetern. Für viele von uns klingt das wie ein böser Traum. Doch dieses Konzept soll einfach und schlüssig sein. Denn wer auf wenigen Quadratmetern lebt, gewinnt ZEIT. Putzen und aufräumen nehmen weniger ZEIT in Anspruch. Die Kosten sind niedriger. Es lenkt nichts Überflüssiges ab und man kann sich auf das Wesentliche konzentrieren. Die Menschen, die sich entschlossen haben so zu leben, können mehr ZEIT mit ihren Familien verbringen und mehr ZEIT in Hobbys investieren.

Hört sich fast so an wie „Wohnen wie Diogenes von Sinope" (* um 412 v. Chr.- 323). Er war ein griechischer Philosoph und gründete den Kynismus. Dieses war eine philosophische Bewegung, die nach Natürlichkeit und Einfachheit strebte. Auf der anderen Seite macht ein Leben in geistiger und materieller Abhängigkeit unfrei und unglücklich.

Diese Einstellung mag vor tausenden von Jahren funktioniert haben, aber heute wohl kaum machbar oder? Ich möchte ihnen hier drei Prinzipien aufzeigen, die ihnen helfen sollen, ihr Leben zu vereinfachen.

Erstellen sie ein sogenanntes Zeittagebuch. Erstellen sie nun eine Liste mit den Dingen, die sie tatsächlich zum Leben brauchen. Ich gebe ihnen eine Hilfestellung:

Welche Menschen sind wichtig für sie?

Wonach haben sie am meisten Sehnsucht?

Worauf können sie gar nicht verzichten?

Wie sollte ihr idealer Wohnraum aussehen?

Was sind ihre Lieblingskleidungsstücke?

Womit beschäftigen sie sich am liebsten?

Was würden sie auf eine Insel mitnehmen?

Wann fühlen sie sich besonders wohl?

Teil 24

Wir legen nun wieder eine Pause ein, um in die Natur zu gehen.

Im Sommer sitze ich oft unter der alten Linde vor meinem Haus. An warmen, sonnigen Tagen verströmen ihre Blüten einen honigsüßen Duft. Eine alte Holzbank, die mein Mann restauriert hatte, stellte er unter diesen mystischen Baum. Oft sitzen wir gemeinsam darauf und tauschen unsere Gedanken aus. Die Ruhe und der Duft aber auch die Energie, die von diesem einzigartigen Baum ausgeht, beflügeln unsere Gedanken. Die harmonischen Übergänge von Liebe, Ruhe, Erleuchtung und Kreativität, ist nicht in Worte zu fassen.

Eine große Linde bringt bis zu 60.000 Blüten hervor. Außerdem besitzt die Linde über außergewöhnliche Heilkräfte.

Viele Lieder, Sagen und Märchen wurden rund um die Linde geschrieben. Wo wir Menschen wohnen, findet man immer Linden. In Dörfern und Siedlungen wurde die Linde mitten ins Zentrum gepflanzt. Das Problem, welches wir heute haben, ist die Luftverschmutzung. Immer mehr Linden leiden darunter und sterben langsam ab.

Heute sind die Menschen schlauer geworden und pflanzen die Linde nur noch dorthin, wo sie ohne Probleme wachsen und existieren kann.

Das Holz der Linde wird vorzugsweise zum Schnitzen benutzt. Die Heilkraft der Linde soll hier auch erwähnt werden. Da das Holz sehr leicht ist, wird es nicht von Holzwürmern befallen. Früher wurde Lindenbast zur Herstellung von Seilen, Matten und Betten genutzt. Pfunde belegen, dass die Nutzung der Linde sogar in der Steinzeit normal war.

Die Germanen widmeten die Linde der Göttin Freya. Sie war eine Fruchtbarkeitsgöttin. Wenn man die Linde genau ansieht, hat man den Eindruck, dass viele kleine Herzen am Baum wachsen.

Von der Linde wird alles verwendet. Blüten, Rinde, Bast, Blätter und Knospen. Die Heilwirkung der Linde bezieht sich auf viele Bereiche. Sie wirkt schweißtreibend, abschwellend, entkrampfend, fiebersenkend, kühlend, schlaffördernd, lindernd bei Hautkrankheiten, innere Unruhe, Erkältungen, grippale Infekte. Ich kann hier einige Bereiche aufzählen, in denen man die Birke als Heilmittel einsetzen kann. Doch ist es bestimmt nicht alles. Viel zu wenig wissen wir über die Heilkraft der Natur. Tausende von Pflanzen sind noch nicht erforscht und können leider auch nicht den Weg in die Medizin finden. Doch warum warten wir solange. Forschen wir doch selbst. Schneiden wir der Pharmaindustrie den Lebenssaft ab, indem wir ihn uns selbst einverleiben. Was hindert uns daran das zu tun, was unserem Körper gut tut und gesund erhält.

Hier ein Rezept:

Dreiblüten-Grippe-Sirup

Je 1 Handvoll getrocknete Lindenblüten, Holunderblüten, Mädesüß- Blüten, 1 Liter Wasser, 1 kg Rohrzucker, 25 g Zitronensäure.

Wasser und Zucker aufkochen und vom Ofen nehmen. Nach dem Abkühlen, die Zitronensäure einrühren.

Die Blüten in den lauwarmen Sirup geben, zudecken und für 48 Stunden ziehen lassen. Abseihen und in kleine Flaschen abfüllen.

Mein Tipp:

Alle drei Blüten wirken Schweißtreibend, fiebersenkend und entzündungshemmend und somit bei Erkältungen sehr gut geeignet. Der Sirup kann verdünnt eingenommen werden oder zum süßen von Tee.

Ich habe die Wirkung selbst getestet und war sehr zufrieden.

Teil 25

Das Prinzip der Bedürfnisse.

Keiner verlangt von uns, dass wir mit unseren Angehörigen in einem Minihaus wohnen, aber es lohnt sich, stets zu hinterfragen, was in unserem Leben eine große Belastung ist und was uns wirklich glücklich macht. Mit dem Prinzip der Bedürfnisse richtest du deine Gedanken auf eine bestimmte Frage: „Was brauche ich wirklich zum Leben?". Oft sind es die simpelsten Dinge. Auch der Duft einer Blumenwiese, das Lächeln einer Person, die wir treffen, warme Sonnenstrahlen.

Kinder brauchen am wenigsten zum Leben. Ich hatte es selbst beobachten können, bei meinen eigenen Kindern. Sie können schon mit kleinen Dingen glücklich sein. Es ist so einfach Kinder glücklich zu machen. Wundervoll und herzzerreißend gleichzeitig wenn man zusieht, wie sie spielen. Alles rings umher ist mit strahlendem Glück durchflutet. Eigentlich wollen wir doch alle die Einfachheit eines Kindes wieder entdecken oder?

Eine Ansammlung von alltäglichen Aufgaben und Entscheidungen, machen unser Leben unnötig kompliziert. Oft schieben wir wichtige Entscheidungen vor uns her. Was ist denn eigentlich der Grund für dieses Verhalten? Ich vermute, dass wir uns selbst blockieren. Alles Liegengebliebene überfordert uns irgendwann so stark, dass wir den Berg nicht mehr bearbeiten können. Mit anderen Worten, es ist uns endgültig über den Kopf gewachsen. Zu Hause stapelt sich die Bügelwäsche, im Büro liegt der Schreibtisch voller unbearbeiteter Anträge.

Deine To-do- Liste ist vollkommen vollgekritzelt mit dringlichen Aufgaben. Aber wenn du es nicht jetzt machst wann dann? Alle Aufgaben, die in einem überschaubaren Bereich liegen, sollten sofort erledigt werden. Telefonate, die nicht viel Zeit in Anspruch nehmen, kann man sofort erledigen. Wenn man einen Weg gefunden hat um seine Aufgaben zu erledigen, werden die Erfolgserlebnisse nicht auf sich warten lassen. Man kann die erledigten Aufgaben endgültig abharken und muss sich nie wieder damit beschäftigen. Nun kannst du die Aufgaben erledigen, die für dich wichtig sind. Du bist im Kopf frei, weil dir keine unerledigten Aufgaben mehr im Nacken sitzen. Es geht ja nicht darum voller Arbeitswut alles gleichzeitig zu machen, sondern nacheinander abarbeiten. Das Wichtigste zu erst. Mit der Einstellung: Lass andere doch mal was für mich machen, kommt man im Leben

nicht weit.

Teil 26

Jetzt wieder neue Energie tanken im Wald, der Glücksgefühle.

Nun will ich etwas über die Pappel schreiben.

Dieser Baum blüht im März oder April. Er erreicht eine Höhe von ca. 30 Metern. Dabei werden mehrere Arten unterschieden. Die Blätter der Schwarzpappel sind spitz und oval. Die rötlichen Kätzchen sind etwa 5 cm lang. Pappeln lieben Wasser und sind oft an Bachläufen und Seen zu finden. Noch heute sagt man „Zittern wie

Espenlaub". Die Blätter zittern beim kleinsten Windhauch und bewegen sich immer.

Im antiken Griechenland war die Schwarzpappel der Erdmutter geweiht. Sie wurde dort zur Wahrsagung verwendet. In der Mythologie ist die Pappel eng mit der Unterwelt verbunden. Die Wolle ist wirksam bei vielen Krankheiten und eignet sich auch hervorragend als Ohrschutz. Die Wirkung der einzelnen Pappelarten ist sehr vielfältig. Die Pappelsalbe zum Beispiel hatte schon in der frühen Heilkunde ihre Bedeutung. Sie wurde mit verschiedenen, mehr oder weniger starken halluzinogenen Kräutern verkocht. Da die Salbe auf Grund ihrer Zusammenstellung, einen Trancezustand hervorrufen konnte, verwendete man später nur noch die Knospen und den Pappelbast zur Herstellung der Salbe. Bis heute ist dieses Rezept bekannt.

Jede Pappelart hat eine andere Wirkung, ist aber sehr vielfältig und nicht nur auf eine Krankheit fokussiert. Sie wirken entwässernd, endzündungshemmend, harnsäureausschwemmend, auswurffördernd.

Es wird die Verdauung gefördert und die Wirkstoffe sind auch hilfreich in der Hautpflege. Die Narbenheilung wird verbessert, es beruhigen sich empfindliche Schleimhäute, mildern Schmerzen bei Verbrennungen, Sonnenbrand. Sie helfen bei Akne, Neurodermitis und vielen anderen Krankheiten.

Hier ein Rezept, wie man Pappelsalbe herstellen kann.

1 EL Pappelknospen, 100 g Olivenöl, 10 g Bienenwachs

Die Knospen leicht mörsern und mit Olivenöl in eine Schüssel geben. Im Wasser erwärmen und ca. 30 Minuten ziehen lassen. Dann abseihen.

Olivenöl mit dem Bienenwachs erneut ins Wasserbad stellen. Solange rühren, bis sich das Wachs aufgelöst hat. Der nun entstandene Balsam in Cremetiegel abfüllen, abkühlen lassen und fest verschließen. Dieser Balsam hilft bei schlecht heilenden Wunden, entzündeter Haut und ist für raue Hautstellen hilfreich.

Teil 27

Lass doch andere für mich machen.

Dabei denke ich nicht ans herumkommandieren, denn das wäre etwas ganz anderes.

Sicher erleichtert das Delegieren auf die eine oder andere Art das Leben. Das gilt fürs Büro, für den Alltag und für das Privatleben. Egal ob Hausfrau, Angestellter oder Freiberufler- jeder kann und sollte delegieren. Denn es ist nicht sinnvoll alles selbst zu machen. Das kann man ja auch nicht gleichstellen mit der Ansicht, dass andere alles für einen tun sollen.

Wenn du aber etwas tust, was ein anderer besser kann als du, dann vergeudest du nur deine Energie. Wenn du etwas tust, was ein anderer schneller kann als du, vertust du nur deine kostbare ZEIT. Wenn du etwas tust, was ein anderer lieber tut als du, wirst du dein Lebensglück vergeuden und das des anderen dazu. Willst du das denn wirklich? Was kann man delegieren? Zum Beispiel: Arbeiten, die eilig, aber nicht sehr wichtig sind. Routineaufgaben, organisatorische Tätigkeiten, Erledigungen. Eigentlich alles im Prinzip, wozu du keine ZEIT hast. Sicher gibt es viele Menschen, die nicht delegieren können.

Dahinter verbirgt sich oft eine „Ich mach lieber alles selbst" – Mentalität, die den folgenden Hintergrund hat:

Du zweifelst an der Kompetenz des anderen und daran, dass er deine Aufgaben nicht richtig erledigen könnte.

Oder du traust es dem anderen nicht zu.

Du glaubst, dass es schneller geht, wenn du doch alles selbst machst.

Am schlimmsten ist das Gefühl, den Überblick und die Kontrolle zu verlieren, wenn du etwas in andere Hände gibst.

Du kannst es einfach nicht ertragen, wenn ein anderer deine Aufgaben besser macht als du.

Da trifft bestimmt einiges auf dich zu, sei ehrlich. Du solltest dir klar machen, dass delegieren sinnvoll ist, weil du dir damit viel Freiraum schaffen kannst. Du kannst Dinge tun, die dir Freude bereiten. Außerdem förderst du die Selbstständigkeit der Menschen, zum Beispiel die deiner Kinder. Wenn du ihnen anspruchsvolle Aufgaben überträgst, festigst du damit ihr Selbstwertgefühl.

Delegieren kann man lernen. Hier gebe ich ein paar Tipps, die es ihnen leichter machen:

Überlege genau ob du eine Aufgabe selbst erledigen, oder lieber jemanden beauftragen willst.

Nun überlege, wer der Richtige für diesen Job ist. Delegiere nicht in allerletzter Minute. Gib den Menschen, denen du eine Aufgabe überträgst ZEIT genug, um sie zu erledigen.

Erkläre dem, der für dich Arbeiten übernimmt genau, was er zu tun hat.

Setze jetzt einen Termin fest, bis wann die Aufgabe erledigt werden muss. Ist die auferlegte Arbeit erledigt, kontrollierst du sie um Fehler zu vermeiden.

Ganz wichtig ist nun ein konstruktives Feedback, welches dein Gegenüber motiviert und ihm aufzeigt, wo er sich eventuell noch verbessern kann. Ansonsten lob ihn für seine Bemühungen.

Konfuzius sagte einst, das Wasser nicht mehr Platz in einer Schale einnimmt, als es bedarf.

Teil 28

Den Lebensraum frei machen.

Wie wir alle wissen, ist der Mensch ein Jäger und Sammler. Jeder von uns besitzt laut Statistik etwa 10.000 Gegenstände. Brauchen wir diese denn wirklich alle? Jede Menge Handys, Jeans, Lippenstifte, Schuhe und andere Sammelobjekte? Je mehr Ballast uns umgibt, desto weniger Luft bleibt zum Atmen übrig. Zu Anfang bereiten uns die schönen Dinge große Freude, doch mit der Zeit entwickeln sie sich nur noch als Ballast. Egal was wir uns anschaffen, ob es Kleidung ist, Möbel, ein Auto, Nippes oder den neuesten Fernseher, wir müssen hart dafür arbeiten.

Wir putzen, um die Dinge sauber zu halten. Wir sind traurig, weil alles irgendwann kaputt geht. Die Dinge sauber zu halten, instand zu setzen, kostet wieder Geld, Energie und ZEIT. Wir sollten versuchen, überflüssigen Ballast loszulassen, denn nur so fühlen wir uns frei. Genauso sollten wir mit dem Ballast verfahren, der unsere Seele belastet. Weg damit, aber schnell.

Indem du Klarheit und Einfachheit in alle Bereiche deines Lebens bringst, sorgst du gleichzeitig für Zufriedenheit und innere Ruhe. Zum Schluss möchte ich mit ihnen noch einmal in meinem Wald verschwinden.

Eine Baummeditation

Im Leben kommt man immer wieder in Situationen, in denen man sich nicht sicher fühlt. Haben sie schon einmal versucht, mit einer einfachen Baummeditation wieder sicherer zu werden?

Auf meinen Rundgang durch den Wald treffe ich immer wieder auf tief verwurzelte, alte Bäume. Tief ergriffen bleibe ich dann stehen oder setze mich im Sommer auf eine seiner ausladenden Wurzeln, die wie riesige Greifarme wirken. Alles um mich herum schalte ich nun aus, indem ich meine Augen schließe. Plötzlich verspüre ich das Leben, welches trotz des Alters noch durch den Stamm des Baumes fließt. Sein unstillbarer Lebenswille bestärkt auch mich jedes Mal, weiter zu machen, meinen mir vorgegebenen Weg ohne zu klagen, bis zum Schluss zu gehen. Ich spüre, wie die Kraft des Baumes auf mich über geht und gehe gestärkt wieder nach Hause.

Zum Schluss noch eine kleine naturkundliche Information über den Wacholder.

Er ist Zypressengewächs. Man kennt ihn auch unter dem Namen Quickholder, Feuerbaum, Räucherstrauch.

Der Wacholder ist ein immergrüner Strauch oder Baum. Er bildet beerenförmige Zapfen aus. Sie sind die Wacholderbeeren. Es gibt verschiedene Zuchtarten des Baumes. Man findet ihn oft in Gärten, Parks und auf Friedhöfen. Schon im Mittelalter wusste man über die Heilwirkung des Wacholders Bescheid. Man glaubte, dass er die Menschen vor der Pest schützen würde. Die Menschen damals glaubten, dass der Wacholderbaum, Zufluchtsort verstorbener Seelen sei und das es sie auch zurück ins Leben holen könne.

Beim Übergang vom Leben in den Tod, wurde sein Holz als magisches Zauberholz verräuchert. Es gibt aber auch die andere Seite dieses Gewächses. Zahlreiche heilkräftige Anwendungen und Rezepte sind geschrieben worden. Im Alpenraum wird er zum Beispiel zum Räuchern von Speck genommen. Früher wurde er wegen seiner stark desinfizierenden Wirkung, zum Konservieren von Speisen genommen. Außerdem wirkt Wacholder wassertreibend, entzündungshemmend, entgiftend, verdauungsfördernd, stärkend, seelisch und körperlich reinigend, stoffwechselanregend. Er leitet Giftstoffe aus dem Körper und auch bei chronischen Hautkrankheiten ist er hilfreich. Mit anderen Worten: Hast du einen Wacholderbaum im Garten stehen, brauchst du zu keinem Arzt mehr gehen.

Hier ein Rezept für eine wirksame Salbe.

40 Gramm Wacholderbeeren, 20 Gramm Rosmarinnadeln, 200 ml Korn (38%), 20 Tropfen ätherisches Lavendelöl.

Wacholderbeeren grob mörsern und mit den Rosmarinnadeln und dem Korn in ein Schraubglas füllen. An einem warmen Ort stellen und 14 Tage ziehen lassen. Täglich schütteln.

Bei Bedarf, die kranken Körperstellen damit einreiben. Die durchblutungsfördernde Wirkung tritt sehr schnell ein.

Ich hoffe, dass ich meine Erkenntnisse, die ich im Laufe meines Lebens gewonnen habe, meine Überlegungen und Vorschläge an meine Leser weitergeben konnte. Hierzu ein Schlusswort von mir.

Liebe Leserinnen und Leser!

Jeder von uns hat gute und schlechte Zeiten durchlebt. Das Leben fasst uns nicht immer mit Samthandschuhen an. Ich glaube, dass wir erst eine gewisse Strecke unseres Lebenswegs gegangen sein müssen, um Erkenntnisse gewinnen zu können. Für keinen von uns ist es einfach in dieser Zeit Problemlösungen zu finden. Zuviel ist auf jeden von uns, in den letzten Monaten hereingebrochen. Da ist es logisch, erst einmal für diese, bestehende Kriese Lösungen zu finden.

Doch wir stehen mitten drin, müssen stark sein, für andere eventuell mitdenken, neu organisieren und vieles mehr. Da brauchen wir Kraft und Zuversicht, stressfreie Zeiten und am wichtigsten ist es, zu sich selbst zu finden. Meine naturkundlichen Auszeiten, sollen ihnen auch den Weg in die Natur ebnen. Die Erkenntnisse, die wir schon alleine in der Natur gewinnen können, helfen uns, unser gesamtes Leben zu durchleuchten. Ich hoffe ihnen mit diesem Buch, welches auch zahlreich bebildert ist, einen Wegweiser geben zu können.

Ihre Renate Sültz